1 Scegli le frasi e completa.

Arrivederci, bambini!

Come ti chiami?

Arrivederci, maestro!

Buongiorno, maestro.

Ciao, sono Anna.

1 I numeri

1 Scrivi i numeri.

sei • nove • due • quattro • cinque • uno • tre

Salta anche tu!

Ahi!

dieci .... otto sette ....

.... zero

2 Disegna i dadi, poi scrivi i numeri.

uno ....

.... cinque ....

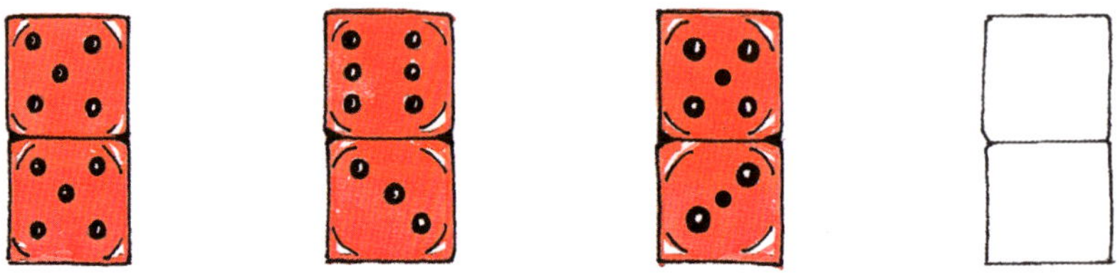

.... nove ....

G. Gerngross • H. Puchta • G. Rettaroli

Grandi amici

Libro degli esercizi

1

Indice

Unità introduttiva	**Pronti? Via!**	3
Unità 1	**I numeri**	4
Unità 2	**I colori**	6
Unità 3	**A scuola**	9
Unità 4	**Gli animali preferiti**	12
Unità 5	**I giorni della settimana**	15
Unità 6	**I vestiti**	18
Unità 7	**Buon compleanno!**	21
Unità 8	**Gli stati d'animo**	24
Unità 9	**I cibi preferiti**	27
Unità 10	**Il corpo**	29

Grandi Amici 1 - Libro degli esercizi
di G. Gerngross, H. Puchta e G. Rettaroli

© 2004 - ELI s.r.l.
Casella Postale 6 - Recanati - Italia
Tel. +39 071 750701 - Fax +39 071 977851
www.elionline.com
e-mail: info@elionline.com

Illustrazioni: Elena Staiano
Progetto grafico e copertina: Studio Cornell s.a.s.

Tutti i diritti riservati.
È assolutamente vietata la riproduzione totale o parziale di questa pubblicazione, così come la sua trasmissione sotto qualsiasi forma e con qualunque mezzo, anche attraverso fotocopie, senza l'autorizzazione della casa editrice ELI.

Stampato in Italia - Tecnostampa Recanati - 04.83.067.0

ISBN 88-536-0149-3

3 Trova i numeri.

4 Abbina domande e risposte.

 Che cosa c'è nella scatola?   Mi chiamo Linda.

 Siete pronti, bambini?   02.518476

 Come ti chiami?   Ci sono le lumache.

 Qual è il tuo numero di telefono?   Sì, sì!!

2 I colori

1 Completa le parole.

VIOLA   NERO   GIALLO

ROSA   BLU   VERDE

ARANCIONE

ROSSO   BIANCO

2 Di che nazionalità sono questi bambini? Colora le bandiere e completa le frasi.

Mi chiamo Maria, sono ....

Mi chiamo Paolo, sono ....

Mi chiamo Pierre, sono ....

Mi chiamo Kate, sono ....

1: rosso • 2: giallo • 3: verde • 4: blu   italiano • canadese • spagnola • francese

3 Leggi e colora.

"La mia maglietta preferita è rossa, blu, gialla e verde."

4 Incolla la tua fotografia o disegna la tua faccia. Poi colora la maglietta e scrivi.

"La mia ....
....
...."

2 I colori

5 Cancella la parola che non appartiene all'insieme.

1	blu	rosa	verde	rosso	pizza	nero
2	uno	dieci	sette	bianco	nove	tre
3	spagnola	italiano	brasiliano	francese	buongiorno	
4	verde	viola	arancione	rosso	giallo	due
5	Sandra	Lucia	Alice	Tobi	Anna	Marta
6	ciao	grazie	buonanotte	buongiorno	arrivederci	

6 Leggi, colora le bandiere e scrivi i nomi dei bambini.

Mi chiamo Mario.
La mia bandiera è bianca, verde e arancione.

Mi chiamo Bruno.
La mia bandiera è blu, arancione e rossa.

Mi chiamo Sandra.
La mia bandiera è rossa.

Mi chiamo Matteo.
La mia bandiera è gialla, bianca e blu.

.... Matteo ....

A scuola 3

1 Trova e colora gli oggetti della scuola.

unrighellorosso unastucciorosaeblu
pennerosseunastucciorosa
unlibrogialloebludue
zainibluearancioniunapennabludue

2 Scrivi le parole nelle caselle.

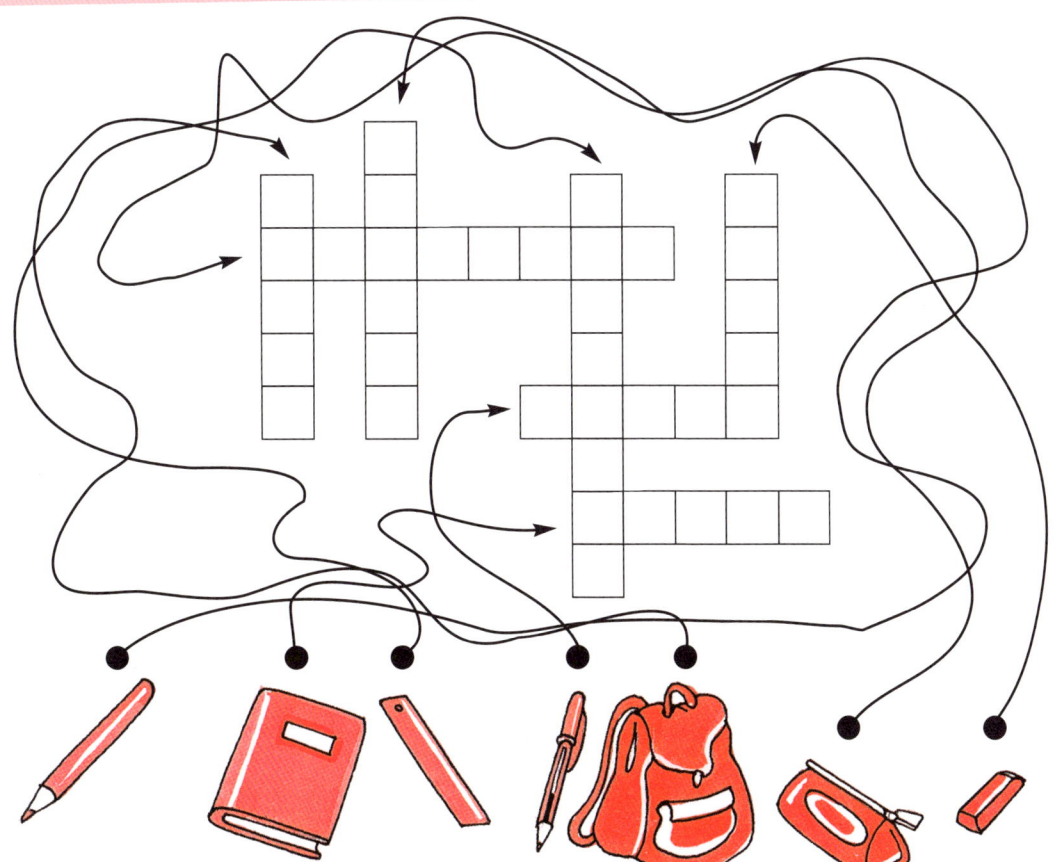

3 A scuola

3 Osserva le immagini e numera le frasi.

Prendi due libri.

1 Apri lo zaino.

Evviva!

Uno, due, tre.

Prendi quattro matite.

Prendi il righello.

Che cos'è? Una corda per saltare.

Prendi tre penne.

4 Che cosa c'è nello zaino? Osserva, colora e scrivi.

1: giallo • 2: rosso • 3: blu • 4: verde • 5: nero

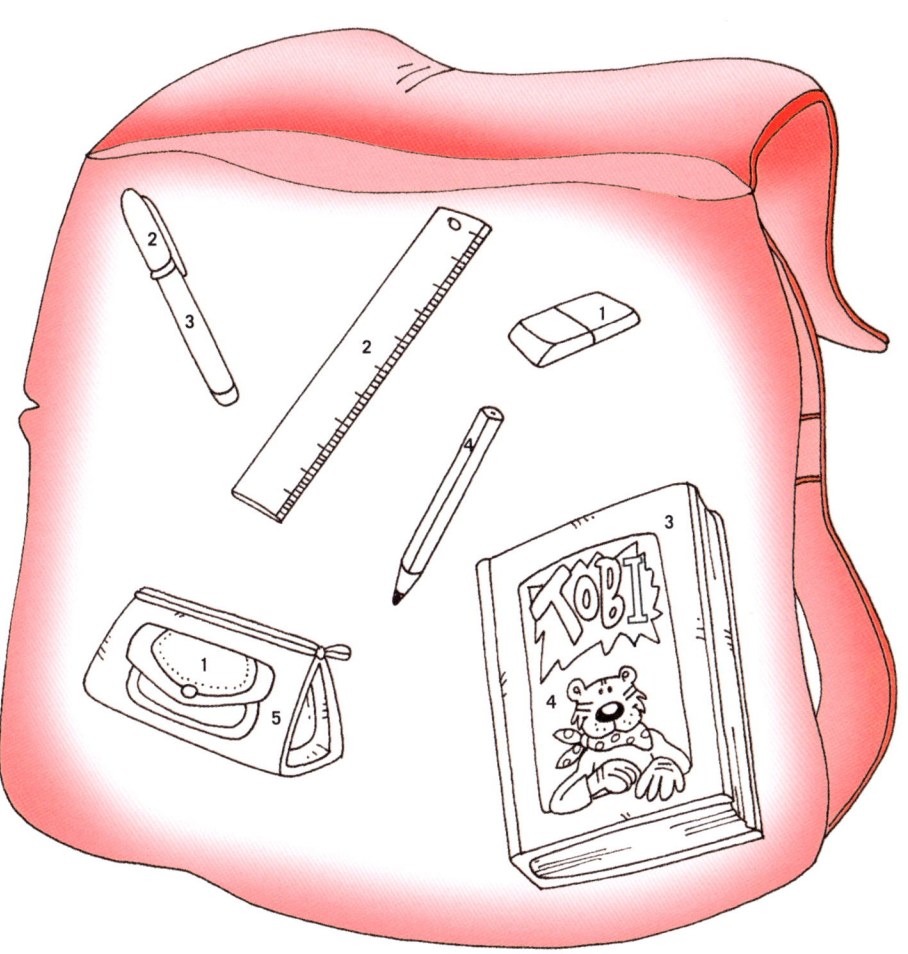

Una penna rossa e blu, ...
....
....

4 Gli animali preferiti

1 Metti in ordine il dialogo.

○ Sì, ce l'ho.

○ Rosso e blu.

○ Che animale è?

① Hai un animale in casa?

○ Di che colore è?

○ Un pesce.

2 Completa e disegna gli animali.

Giulia: Hai .... in casa?
Tommaso: Sì, ce l'ho.
Giulia: Che animale .... ?
Tommaso: .... pappagallo.
Giulia: .... ?
Tommaso: Blu e giallo.

L'animale di Tommaso

Michele: .... ?
Marta: Sì, ce l'ho.
Michele: .... ?
Marta: Un/Una ....
Michele: .... ?
Marta: ....

L'animale di Marta

3 Completa le frasi.

Ruggisci cane Vola pappagallo Mangia pesce criceto
Corri Stai seduto Nuota coniglio tigre

……… come un ………

……… come un ………

……… come un ………

……… come un ………

……… come un ………

……… come una ………

4 Gli animali preferiti

4 Abbina domande e risposte e colora le cornici.

1. Hai un animale in casa? — Sei.
2. Quanti conigli ci sono? — 071.723948.
3. Di che colore è il tuo zaino? — Ci sono tre libri.
4. Qual è il tuo numero di telefono? — Mi chiamo Sandra.
5. Che cosa c'è nel tuo zaino? — Sì, un criceto.
6. Come ti chiami? — Blu.

1 rosso **2** verde **3** arancione **4** blu **5** rosa **6** giallo

5 Che cosa manca?

un pappagallo	una tartaruga	un cane	un pappagallo	una tartaruga	un cane	un pappagallo	…………	…………
un topolino	sei topolini	una lumaca	sei lumache	un cane	…………	…………	sei tartarughe	
dieci topolini	nove topolini	otto topolini	sette topolini	sei topolini	cinque topolini	…………	…………	

cane	criceto	cane	lumaca	cane	pesce	…………
gatto	cane	coniglio	cane	topolino	…………	tartaruga

dieci criceti	otto cani	sei lumache	quattro conigli	………… gatti	
due tartarughe	quattro tartarughe	………… tartarughe	………… tartarughe	dieci …………	

I giorni della settimana 5

1 Scrivi nelle caselle i giorni della settimana.
E scopri il giorno preferito di Tobi.

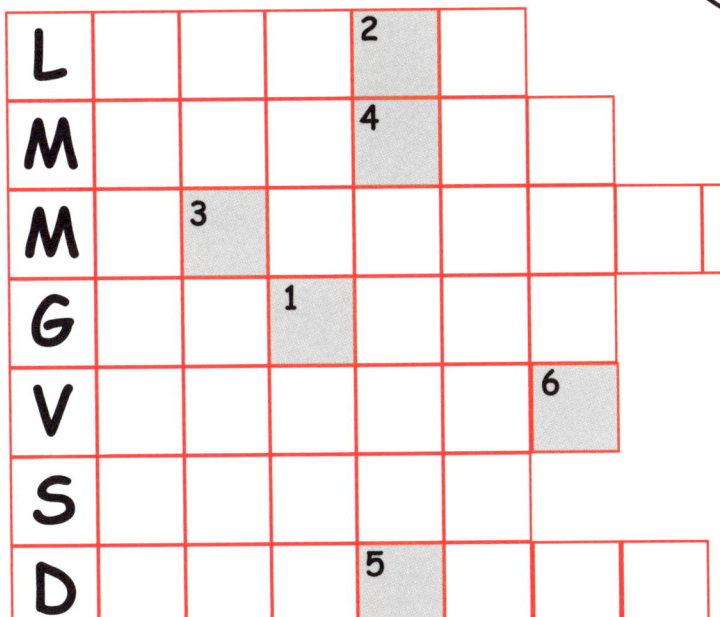

Il mio giorno preferito è il
‾ ‾ ‾ ‾ ‾ ‾ ‾
1 4 5 4 3 2 6

2 Completa le frasi di Tobi e colora la sua bandiera.

Il mio giorno preferito è il ....

Il mio .... preferito è il 🔴 ....

Il mio .... è il sette.

Il mio .... il criceto.

La mia bandiera .... verde, gialla, blu e rossa.

5 I giorni della settimana

3 Completa e poi canta.

Sì, per favore il rosso, sì!
Io amo il rosso.
E allora sai che faccio?
Io ci dipingo su:

un	coniglio	rosso	lunedì
una	....	....	....
un	....	....	....
un	....	....	....
un	....	....	....
un	....	....	....

Sì, io .... il ....
E allora sai che faccio?
Io ci dipingo su.

4 Completa le frasi.

Giovanna dipinge la sua camera.

L........................ dipinge un _ _ _ _ g l _ _ b _ _ .

M........................ dipinge un _ _ _ e _ a _ r _ _ _ .

M........................ dipinge un _ _ _ _ _ g _ _ _ _ _ _ r _ _ .

G........................ dipinge una _ _ n _ _ _ s _ _ .

V........................ dipinge un _ _ s _ _ _ _ a _ _ _ .

S........................ dipinge un _ _ t _ _ _ _ _ l _ .

5 Leggi le frasi. Disegna gli animali che mancano, poi colorali.

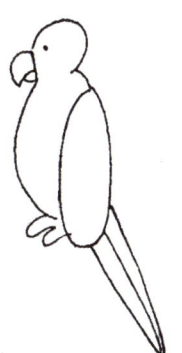

6 I vestiti

1 Leggi e colora.

La maglietta preferita di Anna è rossa e nera.

Il maglione preferito di Tobi è rosso e giallo.

La gonna preferita di Caterina è bianca, blu e rosa.

Il cappello preferito di Tommaso è verde e arancione.

2 Completa.

La   mia   maglietta   preferita   è   ....

......   mio   maglione   ....

....   cappello   ....

La   ....   canzone   ....

3 Scegli e completa.

Spegni la **sveglia**.   Alzati dal .... la maglietta.

Mettiti ....   Mettiti ....   Mettiti ....
....

Mettiti ....
....   la porta.   "Oh, no! Piove."

Mettiti - le - sveglia - casco - il - i calzini - letto - Apri
scarpe da ginnastica - Grida - i pantaloni corti

6 I vestiti

4 Colora il disegno e scrivi.

Federica ha ....

....

....

....

....

....

5 Scrivi le frasi.

| cappello | è | preferito | rosso. | mio | Il |

....

| preferito | la | è | di Tobi | tartaruga. | L'animale |

....

| ha | Michele? | vestiti | Che |

....

| verdi. | jeans | i | Mettiti |

....

Buon compleanno! 7

1 Completa i nomi dei mesi e poi disegna.

_ _ N _ _ _ _   _ _ _ B _ _ _ _ _   _ _ _ _ Z _

_ _ _ _ I _ _   _ _ G _ _ _ _   _ _ _ _ _ N _   _ _ _ _ L _ _

_ _ O _ _ _   _ _ T _ _ _ _ _   _ _ _ _ _ R _

_ _ _ E _ _ _ _   _ _ C _ _ _ _ _

2 Completa la frase.

Il mio mese preferito ....

7 Buon compleanno!

3 Quando è il compleanno di questi bambini? Usa i simboli, poi scrivi le frasi.

A = ✚	D = ○	I = ●	M = ◇	O = ⊗	S = ✿
B = ❖	E = ▲	L = ◆	N = ☆	R = □	T = ↓

Il compleanno di Andrea è in ....

....

....

....

....

4 Scrivi: come ti chiami, dove abiti, quando è il tuo compleanno.

Mi ....

Abito a ....

....

Il ....

....

Incolla qui una foto del tuo compleanno.

5 Completa.

8 Gli stati d'animo

1 Trova i nomi di 4 stati d'animo e di 10 mesi.

```
A G O S T O M A R Z O
R E P P T T R I S T E
R N M A S T A N C O S
A N Z V T O Z Q G L E
B A F E B B R A I O T
B I Q N L R T F U U T
I O R T U E S Z G M E
A I M A G G I O N P M
T M M T L P Q Z O Z B
O C F O I O L Z S T R
M B S N O V E M B R E
```

2 Scrivi gli stati d'animo di questi animali.

  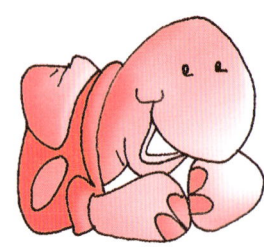

....

....

3 Abbina, scrivi le frasi e disegna le espressioni.

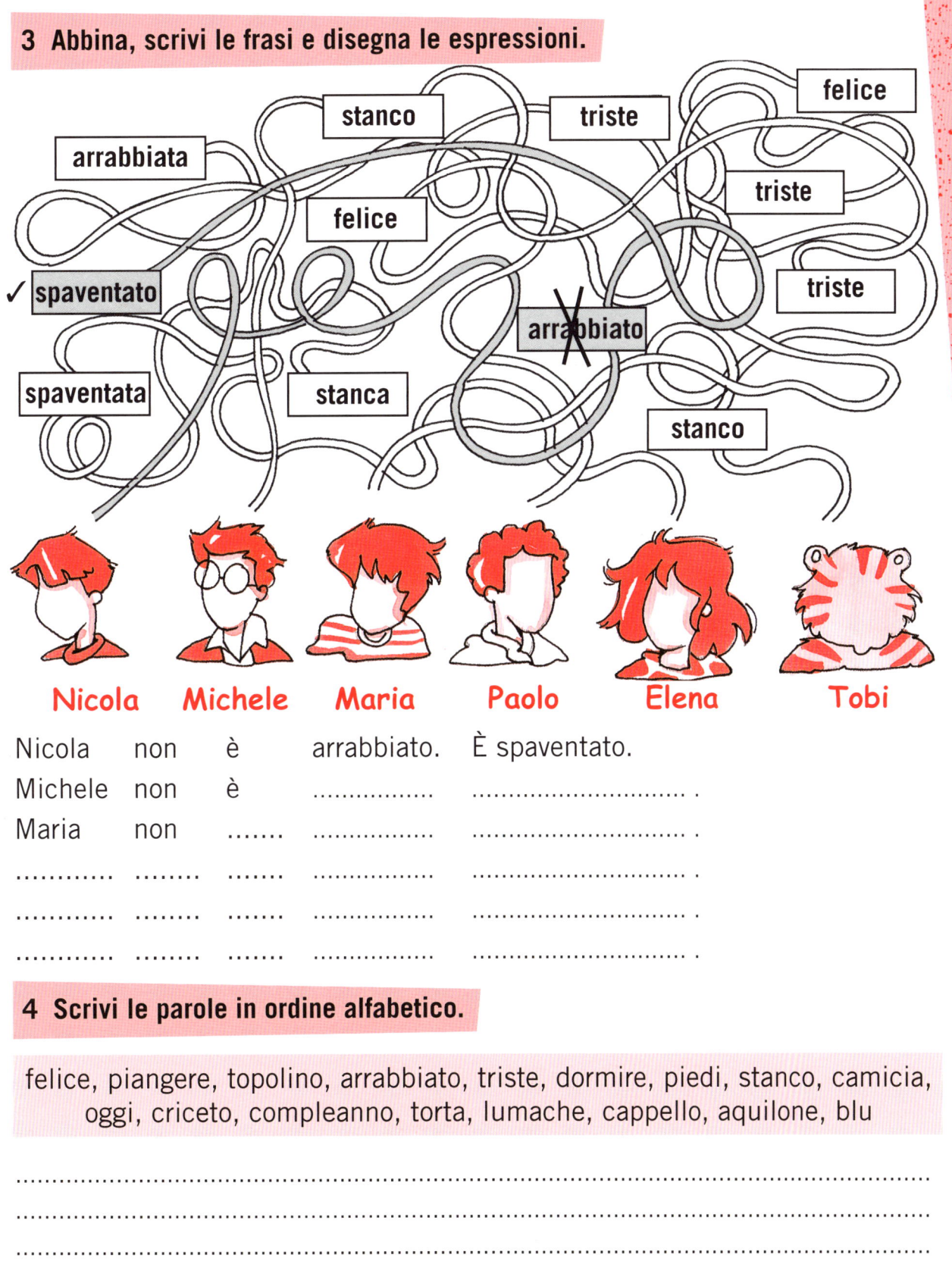

Nicola	non	è	arrabbiato.	È spaventato.
Michele	non	è	....	....
Maria	non	....	....	....
....	....	....	....	....
....	....	....	....	....
....	....	....	....	....

4 Scrivi le parole in ordine alfabetico.

felice, piangere, topolino, arrabbiato, triste, dormire, piedi, stanco, camicia, oggi, criceto, compleanno, torta, lumache, cappello, aquilone, blu

....
....
....
....

8 Gli stati d'animo

5 Abbina le frasi.

1. Ho un gioco nuovo. Giochiamo? — Grazie, papà.
2. Tanti auguri, Michele. — Va bene, facciamo la pace.
3. Lisa, quando è il tuo compleanno? — No, non mi piace il giallo!
4. Mettiti i calzini gialli. — No, noi abbiamo già un altro gioco. — 1
5. Scusa, papà. — In luglio.

6 Completa le frasi.

Come sta Marco? È arrabbiato.
Come sta Elena? È felic.... .
.... Nicola? ..... stanc.... .
.... Bruno? ..... allegr.... .
.... Sara? ..... spaventat.... .
.... Sandra? ..... trist.... .

E tu, come stai oggi?

....

I cibi preferiti 9

1 Scrivi le parole sotto i disegni.

le .... il .... gli ....

  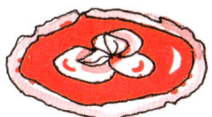  

....

....

2 Osserva i simboli e completa le frasi.

Sara   Anna   Nicola   Samuele   Paolo

A Sara   piacciono   ...., ... e le mele.
Ad Anna   il   formaggio.
A Nicola   ...., ... e il pesce.
A Samuele   il   latte.
A Paolo   ...., ... e ....

9 I cibi preferiti

3 Rispondi.

Ti piace il pesce? ....

Ti piace la cioccolata? ....

Ti piacciono i panini? ....

Qual è il tuo piatto preferito? ....

Qual è la tua bevanda preferita? ....

4 Metti in ordine le frasi.

	il pollo arrosto
	il formaggio. Il mio
	piatto preferito
1	Mi piacciono i panini,
	e il pesce. Non mi piace
	è la pizza.

	preferito è la pizza e
	è l'aranciata. Non
	mi piace il pesce.
1	Il mio piatto
	la mia bevanda preferita

	piace il pollo
	La mia bevanda
1	Mi piacciono le mele
4	e non mi piace
	preferita è il latte.
	il pesce.
	e le banane. Non mi

2	il succo di frutta e non mi
	bevande preferite sono
	la cioccolata calda. Il mio
	Non mi piace
	piatto preferito sono
	piace l'aranciata. Le mie
	il latte e
8	gli spaghetti

Il corpo 10

1 Completa le parole.

BOCCA   TESTA   PIEDI

   DENTI   GAMBE

                CAPELLI
BRACCIA   FACCIA

2 Scopri e scrivi le parole preferite di Tobi.

....
....

la bocca piccola
le orecchie arancioni
il naso grande
i denti grandi

10 Il corpo

3 Leggi, disegna e colora.

Il pagliaccio Nino
ha il naso rosso
e le orecchie piccole e rosa.
Ha la faccia verde,
le mani gialle, la bocca arancione
i capelli neri e gli occhi blu.

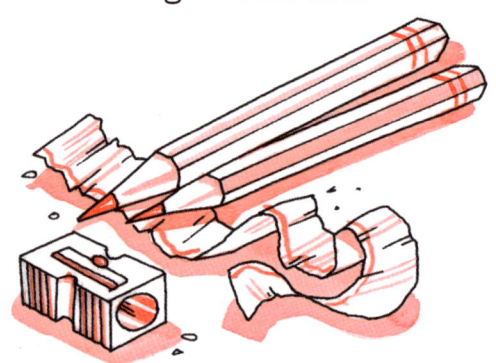

4 Colora e descrivi il tuo pagliaccio. Come si chiama?

.... ha

....

....

....

....

....

5 Il quiz di GRANDI AMICI. A quante domande sai rispondere?

Quante lumache ci sono nella scatola? ....

Qual è il premio di Elena? ....

Che cosa c'è nello zaino di Tobi? ....

Ad Elena non piace il colore... ....

Mercoledì Elena dipinge ....

Tredici, quattordici, quindici. E poi? ....

Quando è il compleanno di Tobi? ....

Qual è il regalo di compleanno di Michele? ....

Qual è il piatto preferito di Lillo? ....

Abita a Milano. Il suo compleanno
è in maggio. Come si chiama? ....

6 Ora scrivi le parole italiane che ti piacciono di più.

Grandi amici è un nuovo, originale, corso di italiano
in tre livelli rivolto a giovani studenti dagli 8 agli 11 anni
che si avvicinano per la prima volta all'apprendimento
della lingua italiana come lingua straniera o lingua seconda.

Tutte le attività proposte nel corso sono basate sulle più recenti
acquisizioni della psicologia cognitiva, in particolare sulla teoria
delle intelligenze multiple e sul metodo della programmazione
neurolinguistica.
L'obiettivo didattico principale è stimolare ad apprendere
la lingua italiana in maniera naturale e divertente.

Il *Libro degli esercizi* di **Grandi amici** presenta una vasta
gamma di esercizi, attività e giochi da svolgere in classe o a casa,
quale ulteriore rinforzo all'apprendimento della lingua italiana.

ISBN 88-536-0149-3

www.elionline.com